AFFAIRE

D'HAITI.

PARIS,

CHEZ RENARD, A LA LIBRAIRIE DU COMMERCE,

RUE SAINTE-ANNE,

ET CHEZ DELAUNAY, LIBRAIRE,

PALAIS ROYAL.

MAI 1836.

AFFAIRE D'HAÏTI.

L'ordonnance royale du 17 avril 1825, qui a proclamé l'émancipation de l'ancienne colonie de Saint-Domingue, intéresse, par ses clauses financières, un grand nombre de Français que l'inexécution de ces stipulations prive d'une juste et légitime indemnité. D'autres Français qui, sur la foi de leur propre gouvernement, ont prêté à cette république, les sommes qui ont servi à payer le premier cinquième de cette indemnité, souffrent aussi de l'inexécution des engagemens pris, à leur égard, par la république d'Haïti.

Au moment où cette affaire va se reproduire devant les chambres législatives à l'occasion du rapport qui doit être fait sur les pétitions que ces malheureux Français leur adressent, pour la sixième fois, depuis 1830, peut-être ne sera-t-il pas sans utilité, ou tout au moins sans opportunité, de rappeler les faits qui s'y rattachent et d'exposer, de nouveau, les considérations qui en rendent la conclusion urgente.

La France s'est assujettie scrupuleusement au paiement de ses dettes et nous avons vu, par les débats auxquels a donné lieu le paiement de la réclamation américaine, qu'il ne lui est pas toujours facile de se libérer, même avec la volonté de payer et l'argent en caisse.

A cette consciencieuse observation des engagemens qu'elle a contractés, il lui convient d'unir la fermeté qui oblige à l'exécution des engagemens pris envers elle, alors surtout que des intérêts privés, dignes de la considération la plus sérieuse, se trouvent engagés dans la question financière dont la solution est si vivement réclamée.

Une des premières pensées de la restauration avait été de rétablir l'autorité du roi de France sur l'ancienne colonie de Saint-Domingue : le droit de ramener sa population à l'obéissance, même par la voie des armes, lui avait été reconnu par le traité du 30 mai 1814, et les puissances signataires de ce traité s'étaient engagées à ne pas y mettre obstacle. A cette époque, Christophe, sous le titre de roi, dominait la partie septentrionale de l'île et résidait au Cap; Pétion, sous le titre de président, gouvernait la partie du sud constituée en république, et avait le siége de son gouvernement au Port-au-Prince. Les premières tentatives faites en 1814, pour atteindre sans violence le but que l'on avait en vue, eurent lieu d'une manière indirecte, au moyen d'agens confidentiels et ne produisirent aucun résultat satisfaisant; elles furent renouvelées , en 1816 , d'une manière ostensible : des agens officiels furent envoyés à Saint-Domingue pour traiter directement avec les deux chefs qui se partageaient l'autorité ; les négociateurs échouèrent auprès du roi Christophe, et, sans réussir complètement auprès de Pétion, ils obtinrent cependant un résultat plus satisfaisant de ce côté, car ils parvinrent à établir des relations commerciales entre la France et la partie du sud de l'île sous des pavillons empruntés, et rapportèrent, de la part de Pétion, la proposition d'une indemnité à payer aux anciens Colons, et d'avantages commerciaux, si la France consentait à reconnaître la république haïtienne.

Depuis la fin de 1816, époque du retour des commissaires en France, jusqu'à la mort de Pétion, survenue à la fin de mars 1818, il ne fut plus question de négociations : le général Boyer avait succédé à Pétion et, plus tard, après la mort du roi Christophe, qui eut lieu en octobre 1820, ce nouveau chef réunit toute l'île sous les lois de la république. Ces circonstances ayant paru favorables à la reprise des négociations, un nouveau négociateur français fut envoyé à Saint-Domingue : M. Dupetit-Thouars arriva au cap haïtien dans les premiers jours du mois de mai 1821, et fit des ouvertures au président Boyer : il parla de reconnaissance à condition d'indemnité ; mais sous la réserve, pour la France, de la suzeraineté, c'est-à-dire d'un droit de protection extérieure : Boyer déclara qu'il maintenait l'offre, qui avait été faite par son prédécesseur, d'indemniser les anciens propriétaires du sol et d'accorder des avantages commerciaux au pavillon français; mais l'honneur national ne lui permettait pas, dit-il, de placer la république sous la protection d'une puissance quelconque.

De 1821 à 1823, nouvelle lacune dans les négociations, à laquelle succéda un nouveau rapprochement; il eut lieu, d'une manière indirecte, en mai de cette dernière année; les conférences s'ouvrirent à Bruxelles, et, quoiqu'il n'y fût plus question, de la part de la France, ni de souveraineté, ni de suzeraineté, elles ne produisirent aucun résultat, parce que le commissaire haïtien n'avait pas d'instructions relativement à l'indemnité à stipuler en faveur des anciens Colons.

Cette tentative indirecte du gouvernement haïtien ne tarda pas à être suivie d'une démarche plus franche; des commissaires haïtiens arrivèrent en France, au mois de juin de l'année suivante (1824). Un conseiller d'état (M. Esmangard) fut désigné pour suivre les conférences avec ces envoyés: ils étaient chargés de traiter sur les bases suivantes: 1° De la part de la France, reconnaissance irrévocable de l'indépendance d'Haïti; 2° de la part d'Haïti, indemnité pécuniaire aux anciens Colons, et avantages commerciaux pour le pavillon français. Mais ils voulaient que le traité embrassât toute l'île de Saint-Domingue, et cette prétention devait faire échouer la négociation, car la France ne pouvait pas stipuler pour la partie de l'est de cette île, qui appartient à l'Espagne.

Les commissaires haïtiens quittèrent la France au mois d'août; mais, comme les principales difficultés étaient écartées, on n'en continua pas moins de part et d'autre à entretenir des espérances de rapprochement; ces espérances ne tardèrent pas, en effet, à se réaliser, car, le 17 avril de l'année suivante (1825) fut rendue l'ordonnance royale qui a proclamé l'indépendance pleine et entière des habitans de la partie française de Saint-Domingue; cette ordonnance fixait à 150 millions de francs, payables par cinquièmes, en cinq années, l'indemnité due aux anciens Colons, et réservait au pavillon français la faveur d'une réduction de moitié sur les droits d'entrée; cette indemnité était censée représenter le dixième de la valeur des propriétés envahies; elle avait été basée sur le revenu d'une année, d'après la moyenne de celui des trois dernières qui avaient précédé la révolution de 1789; l'état renonçait à y prendre part, tant pour les propriétés publiques que pour celles qui lui seraient échues par déshérence; elle était, comme le dit l'honorable M. Gautier, à la chambre des députés, dans le cours de la discussion sur le projet de loi présenté en mars 1826, « *le prix de l'abandon que faisait le roi, au nom* » de ses sujets, *dans l'intérêt public*, des terres que » les Colons possédaient à Saint-Domingue; ou » bien, selon la définition qu'en donna M. de Vil- » lèle, ministre des finances, dans la même séance-

» la représentation de la valeur actuelle des pro-
» priétés perdues par les Colons. » L'ordonnance
royale fut reçue en Haïti avec enthousiasme et y
fut entérinée avec solennité, par le sénat, le 11
juillet de la même année; les mêmes commissaires
qui, l'année précédente, avaient été envoyés en
France, furent chargés, par le gouvernement haïtien, de s'y transporter de nouveau, pour négocier
un traité de commerce, et *ouvrir un emprunt des-
tiné à acquitter le premier cinquième de l'indemnité*;
de son côté, le gouvernement français s'empressa
d'établir au Port-au-Prince le siége d'un consulat
général, pour mieux constater encore la reconnaissance de l'indépendance de la république haïtienne, et le 30 avril de l'année suivante fut rendue la loi qui a réglé la répartition de l'indemnité.
On remarqua que, dans l'exposé des motifs de cette
loi, M. le président du conseil avait dit : « Que
» l'ordonnance du 17 avril était commandée par
» l'intérêt du pays, et que l'arrangement formulé
» par cette ordonnance était le seul qui eût
» été *offert* par le gouvernement haïtien, et le seul
» dont l'exécution fût possible. » Il ajoutait « que
» cet acte de la puissance royale n'avait produit sur
» les droits des Colons d'autre effet que de faire
» perdre à la possibilité de l'exercice de ces droits
» l'éventualité du rétablissement de l'autorité du
» roi à Saint-Domingue, mais que l'on avait stipulé
» en même temps *un dédomamgement pour la perte
» de cette éventualité*.

De retour en France, au mois de septembre 1825,

les commissaires haïtiens *furent autorisés par le gouvernement français à publier le prospectus de l'emprunt* qu'ils étaient chargés de négocier. Le *Moniteur* du 15 octobre l'inséra textuellement, et celui du 19, en annonçant quelques modifications à ce prospectus, ajoutait : « Que le ministre des » finances, dans la vue de faciliter une opération » qu'il honorait de sa bienveillance, avait consenti » à ces modifications .» D'autres journaux, considérés comme recevant les confidences du ministère, proclamaient à l'envi les avantages qui devaient rejaillir sur le commerce français, du rétablissement des rapports avec Haïti, et représentaient cette île comme une autre *Eldorado*.

Enfin des brochures, composées sans doute dans le même but (celui de faire réussir l'emprunt), inondèrent le public ; une d'elles, signée de M. Ternaux, s'exprimait ainsi : « Il n'y a aucun gouver-» nement sur la terre avec lequel on puisse trai-» ter avec plus de sécurité qu'avec celui d'Haïti.»

Emportés par l'engouement général, ou séduits par ces brillantes hyperboles, on vit se presser aux portes des commissaires haïtiens les premiers financiers de la capitale, pour mettre à leur disposition leur argent et leur crédit ; ils voulaient absolument leur fournir d'un seul coup les 150 millions stipulés pour l'indemnité des anciens Colons ; mais les commissaires n'étaient autorisés qu'à emprunter ce qu'il fallait pour compléter le versement du premier cinquième, et la négociation n'eut lieu que pour 30 millions ; ce fut la compagnie, à la tête de laquelle était la maison Jacques Laffitte, qui s'en rendit adjudicataire à 80 pour cent; elle versa 24 millions à la caisse des consignations, et cette somme, jointe à ce que le gouvernement haïtien y avait déjà versé directement, forma, à quelques centaines de mille francs près, les 30 millions du premier cinquième de l'indemnité stipulée par l'ordonnance du 17 avril.

En échange de ces 24 millions, les commissaires haïtiens avaient livré à la compagnie adjudicataire, 30,000 annuités de 1,000 fr., portant intérêt sur le pied de 6 o/o l'an, à partir du 1er janvier 1826 divisées en vingt-cinq séries remboursables dans une période de vingt-cinq années.

Les commissaires haïtiens quittèrent la France à la fin du mois de novembre de cette même année (1825); ils rapportèrent au Port-au-Prince le contrat d'emprunt et les conventions qui réglaient les rapports commerciaux entre les deux pays , et reçurent de leur gouvernement des témoignages de satisfaction; le sénat reconnut l'indemnité comme dette nationale , décréta un impôt spécial et la vente des biens nationaux pour en appliquer le produit à la libération d'Haïti envers la France. Cependant, à l'époque prescrite pour le paiement du deuxième cinquième de l'indemnité (31 décembre 1826), les fonds ne se trouvèrent pas faits pour l'acquitter; le gouvernement haïtien s'était contenté d'envoyer une déclaration ainsi conçue : « Nous, etc., etc., reconnaissons et déclarons que » la république d'Haïti doit à la caisse des con-

» siguations de France, la somme de 3o millions,
» pour valeur du deuxième terme de l'indemnité
» mentionnée en l'ordonnance du 17 avril 1825. »

Le ministre des finances autorisa la caisse des consignations à recevoir et à garder en dépôt cette déclaration, et le paiement du deuxième terme de l'indemnité fut ajourné; il en aurait été de même du paiement des intérêts et du remboursement des séries de l'emprunt, *si la compagnie adjudicataire n'eût été autorisée par le ministre des finances, à faire au gouvernement d'Haïti l'avance des fonds nécessaires à la continuation du service de son emprunt;* le consul de France au Port-au-Prince fut chargé de manifester au gouvernement d'Haïti le mécontentement que causait son peu d'empressement de satisfaire aux conditions de l'ordonnance d'émancipation; et, de son côté, la compagnie adjudicataire sollicitait l'envoi des remises affectées au service de l'emprunt; quelques cafés arrivèrent au Hâvre dans le cours du premier semestre de 1828, et leur produit, qui s'éleva à peine à un million de francs, servit à payer le semestre échéant le 3o du mois de juillet; le service des intérêts se trouvait ainsi au courant, et, en outre, la compagnie avait remboursé deux séries du capital de l'emprunt; les avances qu'elle avait faites jusqu'alors pour le compte de la république d'Haïti, avec l'autorisation et sous la garantie du ministre des finances, s'élevaient à 4,848,9o5; c'est cette somme qui a été allouée en dépense, à la charge de l'état, par la loi des

comptes de 1830; on se souvient que le rapporteur, M. Passy, en concluant au rejet de cet
article de dépense, blâme sévèrement l'autorisation donnée par le ministre des finances à la
compagnie adjudicataire, de se constituer en
avances pour le service de l'emprunt, attendu que
« cette autorisation avait eu pour effet, dit-il,
» d'induire le public en erreur sur le crédit de la
» république haïtienne. »

M. de Villèle, qui avait donné cette autorisation
et cette garantie, quitta le ministère des finances,
et M. Roy, qui lui succéda, n'ayant pas voulu les
réitérer, lorsque, au mois d'octobre suivant, il
s'agit de procéder au tirage de la troisième série
de l'emprunt à rembourser, la compagnie adjudicataire suspendit les paiemens, et cette suspen-
sion dure depuis lors.

Le président Boyer, pour s'excuser du retard,
qu'on lui reprochait, avait représenté que la république n'avait d'autre moyen de se libérer, que
d'envoyer des denrées à la vente sur les marchés
de l'Europe, et que la baisse énorme qu'avait
éprouvée le café sur ces marchés rendait sa libération excessivement onéreuse; il proposait, en
même temps, comme moyen de la faciliter, 1°. de
ne faire qu'une seule et même dette de l'indemnité et de l'emprunt; 2°. de déposer au trésor
public de France, pour se libérer du tout, 35 annuités, chacune de 6,500,000 fr., échéant d'année
en année.

Cette proposition avait été présentée au gouvernement, dès le mois de janvier 1828, par M. Jacques Laffitte, en sa qualité de banquier de la république d'Haïti, à Paris; l'examen en avait été confié à une commission composée de pairs de France et de députés, et présidée par M. Roy, ministre des finances; la commission n'avait point encore fait son rapport, lorsque, au mois d'octobre 1828, apparut à Paris un nouvel envoyé haïtien (M. Saint-Macary); il était chargé de proposer une négociation sur des bases toutes nouvelles, c'est-à-dire sur une diminution de moitié du chiffre de l'indemnité stipulée par l'ordonnance d'émancipation.. Ce changement de scène, auquel on était loin de s'attendre, décida le gouvernement français à envoyer son *ultimatum* directement au Port-au-Prince, et le commissaire haïtien fut congédié ; on avait pris pour base de cet *ultimatum* la proposition faite au commencement de l'année, par le gouvernement haïtien lui-même, de payer à la France, pendant trente-cinq ans, 6,500,000 fr., et l'on avait affecté sur cette somme : 1º. 3,600,000 fr., à l'intérêt, sur le pied de 3 p. % l'an, des 120 millions restans dus sur l'indemnité; 2º. 1,200,000 fr. à l'amortissement de ces 120 millions, lequel devait se réaliser, dans la période de trente-cinq années, par l'effet de la puissance de l'intérêt composé; le produit des douanes était aliéné, jusqu'à due concurrence, au paiement de cette annuité; l'excédant des 6,500,000 fr. était laissé à la disposition du gouvernement d'Haïti, pour l'employer au service de l'intérêt et à l'amortissement de son emprunt. De son côté, la France renonçait à l'avantage du demi-droit qui avait été réservé au pavillon français, par l'ordonnance d'émancipation du 25 avril 1825.

Ce fut, par suite de la notification de cet *ultimatum*, que, au mois d'avril 1829, un traité fut conclu, au Port-au-Prince, entre le consul de France et les commissaires de la république ; ce traité, ratifié par le président, devenait le contrat nouveau qui réglait définitivement la dette d'Haïti ; il fut envoyé en France par le consul, et, bientôt, un conseiller d'état (M. Pichon) reçut ordre de se rendre au Port-au-Prince pour négocier le traité de commerce et de navigation, qui devait compléter les arrangemens de la France avec Haïti ; M. Pichon ne put rien terminer au Port-au-Prince, et le gouvernement haïtien renvoya M. Saint-Macary à Paris pour reprendre la négociation ; ce négociateur était à peine arrivé en France que la révolution de 1830 éclata ; M. Pichon avait été mis en rapport avec lui ; mais les événemens de l'époque interrompirent les conférences ; elles ne purent être reprises que dans les premiers mois de l'année suivante (1831), et se terminèrent, le 2 avril, par de nouveaux arrangemens, qui consistèrent en un traité de commerce et de navigation, fondé sur le principe de la plus parfaite réciprocité, et une convention financière, d'après laquelle la dette d'Haïti fut établie ainsi qu'il suit, savoir :

1°. 120,700,000 francs pour les quatre derniers cinquièmes de l'indemnité de 150 millions, et le restant dû sur le premier.

2°. 4,848,905 fr. pour les avances que le trésor public avait remboursées à la compagnie adjudicataire de l'emprunt.

3°. 27,600,000 fr. pour les vingt-trois séries de l'emprunt restant à rembourser.

4°. 5,796,000 fr. pour les intérêts de trois ans et demi de cette dernière somme, du 1er juillet 1828 jusqu'au 31 décembre 1831.

Haïti promettait d'employer chaque année, à l'acquittement de cette dette, à partir du 1er janvier 1832, une somme de 4 millions de francs, et s'engageait, en outre, à rembourser au trésor public, dans l'intervalle de temps à s'écouler jusqu'au 31 décembre 1833, avec intérêt de 3 p. % l'an, les avances faites pour le service de l'emprunt.

Ces nouveaux arrangemens formulés en traités, revêtus d'avance de la ratification du roi, furent rapportés en Haïti par M. Saint-Macary; le président de la république se refusa de les ratifier à son tour, alléguant pour motif de son refus que l'envoyé haïtien n'avait pas eu mission de traiter avec le nouveau gouvernement de la France; il ajouta que « l'on avait été autorisé à penser, en » Haïti, que ce nouveau gouvernement, fondé sur » un système plus libéral, aurait condamné les » exigences du gouvernement déchu... »

Après ce refus, exprimé en termes peu ména-

gés, le consul français quitta le Port-au Prince ;
il arriva en France dans le mois d'août 1831 , et,
depuis lors , toute relation diplomatique a cessé
entre le gouvernement français et celui de la république ; on apprit bientôt que des communications
indirectes avaient eu lieu entre les deux gouver-
nemens, et qu'elles avaient donné à connaître que
le gouvernement d'Haïti ne voulait plus ni du
traité de 1829, ni de celui de 1831 ; mais qu'il
prétendait que , préalablement à tout traité,
la France consentît à réduire de moitié le chiffre
de l'indemnité stipulée en faveur des anciens Colons par l'ordonnance royale de 1825.

La connaissance d'un pareil résultat ne pouvait
que causer beaucoup d'étonnement, car les nouveaux arrangemens, consentis par la France
en 1831, étaient beaucoup plus avantageux pour
Haïti que ne l'étaient ceux que Haïti avait pro-
posés lui-même en 1829 ; et, d'ailleurs, on avait
entendu M. Laffite déclarer, à la chambre des
députés, dans la séance du 28 novembre 1831,
« que l'on devait attribuer à un malentendu
» l'inexécution des traités de 1831, et que, d'a-
» près les renseignemens donnés à la commission
» du budget, il y avait tout lieu de croire qu'Haïti
» exécuterait ses traités. »

Quelques mois après, M. le ministre de la
marine déclarait, de son côté, à la chambre des
députés, dans la séance du 29 février 1832,
« que des communications indirectes et verbales
» avaient eu lieu entre le gouvernement fran-

» çais et celui d'Haïti; que le gouvernement
» français, fondé sur le respect des droits de tous,
» n'abandonnerait pas les intérêts qui lui étaient
» confiés ou qui s'étaient confiés à sa foi; mais
» que, cependant, il ne se refuserait pas à ad-
» mettre quelques modifications au traité signé,
» *pourvu qu'elles ne portassent pas sur le montant*
» *de l'indemnité, qu'il était de son devoir de main-*
» *tenir.* »

Il fut encore question de cette affaire, dans les
chambres législatives, avant la fin de la session
de 1832, à l'occasion d'une pétition présentée
par un grand nombre d'intéressés dans l'emprunt
et rapportée dans la séance du 29 décembre même
année. Quelques assertions de M. le ministre des
finances, vivement relevées par MM. Charamaule,
Dupin aîné et Teste, indiquèrent que ce ministre
n'était pas bien au courant de ce qui s'était passé ;
son collègue des affaires étrangères parut considérer
le traité de 1829 comme les préliminaires de celui
du 2 avril 1831, devenu, selon lui, le traité défi-
nitif entre les deux pays, quoique, depuis lors,
Haïti eût prétendu, dans ses communications
verbales, « que, le gouvernement français ayant
» changé de principes, les engagemens contractés
» n'étaient plus obligatoires pour la république. »
M. le ministre ajoutait que le gouvernement
haïtien se résignait cependant à admettre le principe de la dette, mais qu'il demandait que
« l'indemnité, fixée à 150 millions par l'ordon-
» nance d'émancipation, fût réduite à 75, sur

» lesquels, 3o millions ayant déjà été payés au
» moyen de l'emprunt, Haïti ne restait plus dé-
» biteur que de 45 millions dont il se libérerait
» en versant au trésor public un million chaque
» année, pendant quarante-cinq ans. »

'M. le ministre terminait en disant « que le gou-
» vernement, français attendait, pour prendre un
» parti ; d'être bien fixé sur la quotité de la
» somme qu'Haïti pouvait payer. »

Le langage de M. Laffitte, dans cette séance,
fut loin d'être ce qu'il avait été dans celle du
28 novembre de l'année précédente; alors, comme
nous l'avons vu , « il y avait tout lieu de croire ,
« selon lui, qu'Haïti exécuterait les traités de
» 1831. » Dans cette circonstance il déclara : « que
» chacun s'était trompé sur le compte de Haïti ,
» ceux qui avaient demandé , comme ceux qui
» avaient promis ; que la population d'Haïti n'est
» qu'une agglomération d'habitans mal logés ,
» mal nourris, mal vêtus, au sein de laquelle le
» travail n'est point développé ; » d'où la consé-
quence qu'Haïti était hors d'état de tenir les engagemens résultans des traités de 1831.

Ces paroles, dans la bouche de M. Laffitte, qui
avait été successivement adjudicataire de l'emprunt, et banquier de la république, n'étaient
pas rassurantes pour les détenteurs des titres de
l'emprunt, et l'on ne dut pas s'étonner de voir
ces titres (qui, avec les neuf semestres arriérés ,
représentaient alors une valeur de 1270 fr.) cotés
à la bourse à 200 fr.

Cette affaire fut remise, une autre fois, sur le tapis, vers la fin de la même session, lorsque, dans la séance du 11 février 1833, les débats s'ouvrirent sur la proposition, faite par la commission de la loi des comptes de 1830, de rejeter, des dépenses de cet exercice, les 4,848,905 fr. que le ministre des finances avait fait rembourser à la compagnie adjudicataire de l'emprunt d'Haïti, pour la couvrir de ses avances; la chambre, en accordant au ministre un *bill d'indemnité* pour ce paiement irrégulier, avait pris en considération, non-seulement la bonne foi du ministre et la gravité des circonstances, mais encore la probabilité d'une réintégration prochaine de cette somme dans les caisses du trésor public; car le traité du 2 avril 1831, qui a stipulé cette réintégration à la charge du gouvernement d'Haïti, avait été invoqué, dans le cours des débats, par plusieurs orateurs, et par M. Laffitte lui-même.

On se souvient aussi que, dans cette même séance (11 février 1833), M. le ministre des affaires étrangères déclara : « qu'il résultait de » cette circonstance que *le gouvernement français* » *se trouvait, jusqu'à un certain point, co-intéressé* » *avec les contractans de l'emprunt.* »

Un nouveau rapport de pétitions, fait dans la séance du 30 mars suivant, ramena la même question devant la chambre des députés, et l'on entendit ces paroles sortir de la bouche du rapporteur (M. Meynard) : « En examinant attenti- » tivement l'état où se trouvent les négociations,

» et en considérant les dernières propositions du
» gouvernement haïtien, votre commission a
» pensé que le ministre attendrait en vain de nou-
» velles offres de la part de ce gouvernement, *s'il*
» *ne les provoquait par quelques mesures énergiques :*
» l'honneur du pays et l'intérêt des citoyens le
» réclament; le gouvernement du roi leur doit
» appui et protection. »

Peu de temps après, en juillet ou août, le *journal des Débats*, en annonçant que la commission
de l'indemnité due aux anciens Colons de Saint-
Domingue avait terminé ses travaux, ajoutait
que « d'habiles et fermes négociations obtien-
» draient enfin le *paiement intégral* d'une dette si
» légitime, contractée solennellement, et qu'on
» pouvait compter que l'administration emploie-
» rait tous les moyens possibles pour soutenir les
» droits de ces malheureux Français qui sont les
» droits du pays-même. »

On ne tarda pas, en effet, à apprendre que
M. Bruix, commandant le brick *le Cuirassier*,
avait été chargé de porter, au Port-au-Prince,
des dépêches du ministre des affaires étrangères,
et avait fait voile de Brest le 8 août.

Cette reprise de rapports officiels entre les deux
pays vint ranimer les espérances presques éteintes
des personnes intéressées à la conclusion de cette
affaire; mais le retour du capitaine Bruix, qui
était arrivé à Brest le 16 décembre suivant, sans
rapporter la réponse du président de la république, les fit bientôt évanouir. Ce fut encore le

journal des Débats qui nous donna à connaître, d'après, disait-il , une lettre du Port-au-Prince, du 8 novembre, l'objet de la mission de M. Bruix. On lisait, dans son numéro du 25 décembre 1833 , « que le ministre des affaires étrangères avait » notifié au président de la république que l'in-» exécution, de la part d'Haïti, de ce qui avait » été convenu, rendait nulles les négociations sui-» vies jusqu'à ce jour, relativement à l'exécution » de l'ordonnance du 17 avril 1825, laquelle re-» prenait ainsi toute sa force, tandis que M. le » ministre de la marine avait demandé, au gouver-» neur de l'île de Cuba, un port de ravitaillement » pour le cas éventuel d'un blocus d'Haïti; ce à » quoi le gouvernement espagnol avait obtempéré » en désignant le port de *Guatanama.* »

La réponse du président de la république à cette notification parvint au ministre des affaires étran-gères par une voie indirecte, au commencement de l'année 1834; elle ne contenait autre chose, si ce n'est la reproduction, d'une manière officielle, de la proposition faite, deux ans auparavant, par voie de note verbale, et parvenue au même ministère en avril 1832, laquelle avait paru inacceptable, tant en la forme qu'au fond ; cette proposition, ainsi qu'on l'a déjà dit, consis-tait : « à réduire l'indemnité à 75 millions ; re-» trancher de ces 75 millions les 30 millions ver-» sés à la caisse de consignations ; et payer les 45 » millions restans, moyennant un million par an, » sans intérêt. » Haïti continuait à demeurer chargé du service de son emprunt de 1825, et s'obligeait en outre à rembourser immédiatement, au trésor public, les 4,848,905 francs qui lui étaient dus.

Il fut encore question de cette affaire dans le cours de la session de 1833 : M. Amilhau, rapporteur de la commission des pétitions, disait à la chambre des députés, le 15 février 1834 : « Il ne » faut pas se dissimuler que le retard qu'apporte » le gouvernement d'Haïti est calculé dans le but » de réduire les intéressés à un acte de désespoir, » et de racheter leurs titres à vil prix ; *mais le gou-* » *vernement veille, il obtiendra la satisfaction que* » *son honneur et ses intérêts réclament.* » A la chambre des pairs, et à l'occasion de la discussion de la loi relative à la répartition des intérêts du premier cinquième de l'indemnité versés à la caisse des consignations, M. Gautier, rapporteur, disait, dans la séance du 17 mai de la même année : « Après huit ans, l'indemnité est encore due » presqu'en entier, soit aux Colons, soit aux » Français qui ont fait les fonds du premier cin- » quième ; ce n'est pas seulement la foi des traités » qui est méconnue, ce sont aussi les règles les » plus sacrées de la probité : la dette d'Haïti est » une dette d'honneur et de reconnaissance, *et les* » *droits des colons, ainsi que des prêteurs, sont sa-* » *crés ; la France leur doit l'appui de son influence,* » *et, au besoin, de la force.* La commission nous a » chargés d'exprimer la pleine confiance qu'elle a » que, dans aucun cas, la dignité de la France ne

» sera oubliée, et les droits des citoyens mécon-
» nus. »

Le rapporteur, répondant ensuite à **M.** le baron Mounier, déclarait « qu'il était dans son opinion » que *le gouvernement d'Haïti avait la possibilité de* » *satisfaire, en entier, à ses engagemens, dans un* » *délai très-prochain.* »

M. le ministre de l'instruction publique avait déclaré, dans le cours de cette discussion, « que » le gouvernement ferait tous ses efforts pour as- »surer aux Colons tout ce qu'il serait possible » d'obtenir de l'indemnité promise,» et M. Barbé-Marbois, en s'élevant contre l'emploi de la force, s'écriait : « Que les Haïtiens sachent bien qu'en » entrant dans la société ils ne peuvent s'y placer »sans honte, si, au début de cette carrière, ils » sont souillés par un manque de foi.»

Il ne fut plus question de cette affaire devant les chambres, pendant tout le reste de la session; mais, vers le mois de juin, le bruit se répandit que des remises venaient d'arriver d'Haïti, pour servir à payer un à-compte sur les arrérages de l'emprunt; il résulta des informations prises à ce sujet, que ces remises étaient le prix d'une trans-action faite par le gouvernement d'Haïti, avec un détenteur d'annuités, qui avait consenti à en être remboursé au pair, en abandonnant tous les arré-rages; on apprit ensuite que M. Dupetit-Thouars venait d'être chargé d'une mission en Haïti, et l'on ne tarda pas à savoir qu'il était parti de Brest, le 10 novembre, à bord de la corvette *la*

Créole, accompagné du brik *le Cuirassier*; que sa mission avait essentiellement pour objet de demander le remboursement immédiat des 4,848,905 fr. dus au trésor public, et qu'il était chargé, en même temps, de recueillir de nouveaux documens sur les ressources d'Haïti.

On sut aussi que cette mission avait été résolue à la suite d'une demande adressée, par le ministre des finances, au ministre des affaires étrangères, afin de se préparer éventuellement, à l'approche de la nouvelle session, à répondre aux interpellations qui auraient pu lui être adressées au sujet de la créance du trésor; mais on dut penser, en même temps, que, tout en s'occupant des intérêts du trésor public, le gouvernement ne pouvait se dispenser de s'occuper aussi des intérêts des citoyens, comme lui créanciers de la république d'Haïti, et qui (ainsi que l'avait dit M. le ministre des affaires étrangères dans la séance du 11 février 1833), avaient le gouvernement » pour co-intéressé dans cette affaire. »

Et, en effet, la créance du trésor est représentée par des titres au porteur de même origine que ceux dont sont nantis les intéressés dans l'emprunt; en retirant ces titres de la circulation, le trésor a été *de plano* subrogé aux droits des précédens détenteurs. Le trésor ne saurait donc avoir d'autres droits que ceux qui appartiennent à tous les porteurs d'obligations de l'emprunt d'Haïti, et il eût été déraisonnable de penser que le gouvernement usât des moyens qui sont mis à sa disposition par le pays pour obtenir, pour le trésor, une préférence qui ne lui est pas due, et qui, d'ailleurs, compromettrait les intérêts des autres créanciers.

On était, à Paris, sous l'impression de ces idées et de ces espérances lors qu'on lut, dans le *Moniteur* du 14 février 1835, une dépêche télégraphique de Brest, du 12, qui annonçait le retour de M. Dupetit-Thouars à bord de *la Créole* : M. Dupetit-Thouars faisait savoir aussi, au ministre de la marine, « qu'il était porteur d'une lettre de » crédit de 4,848,904 fr. 65 c. pour solde du » principal de la créance du trésor public, ainsi » que de tous les renseignemens que le gouver- » nement avait désirés sur l'état d'Haïti et sur les » intentions de la république. »

Cet avis officiel, qui semblait annoncer, de la part du gouvernement d'Haïti, un commencement d'exécution du traité du 2 avril 1831, dont une des stipulations était la réintégration au trésor des sommes qu'il avait avancées pour le service de l'emprunt, produisit le meilleur effet dans le public, particulièrement parmi les personnes qui avaient intérêt à la conclusion de l'affaire d'Haïti : Les paroles prononcées par le ministre des fi- nances, dans la séance du 25 février 1835, à l'occasion du projet de loi sur le règlement des comptes de 1833, ne purent que les maintenir dans ces dispositions : « La chambre apprendra » avec satisfaction, disait le ministre, le ré- » sultat favorable de nos démarches auprès du

» gouvernement d'Haïti pour assurer le recouvre-
» ment des 4,848,905 fr. *dont le trésor public*
» *s'était mis en avance pour l'emprunt de* 1825;
» cette somme, qui avait été comprise dans les
» dépenses de l'exercice 1830, réglé par la loi du
» 20 avril 1833, va être réintégrée dans les caisses
» de l'état et formera une ressource additionnelle
» pour le budget de l'année courante. »

Cette session, comme toutes les précédentes
depuis 1828, retentit encore des doléances des
Colons et des porteurs des titres de l'emprunt : à
la chambre des députés, M. de Las-Cases, au
nom de la commission des pétitions, réclamait des
mesures efficaces contre la conduite *étrange* du
gouvernement haïtien, et M. Gautier disait, à la
chambre des pairs, que « la commission pensai
» qu'une attente aussi longue devait avoir un
» terme prochain; que là où finit l'espérance de
» recueillir le fruit de la modération commence le
» devoir de veiller à la dignité nationale, qui re-
» cevrait une atteinte grave *si un traité solennel était*
» *plus long-temps méconnu.* »

A quoi M. le ministre des affaires étrangères
répondit : « Qu'il ne pensait pas que la chambre
» exigeât que le gouvernement du roi s'expliquât
» sur l'emploi de la force, mais qu'il pouvait affir-
» mer que rien n'avait été négligé jusqu'ici, et ne
» serait négligé à l'avenir, de ce qui pourrait
» être utile aux intérêts des Colons. »

C'est sans doute pour se mettre en mesure
de tenir cette promesse, que M. le ministre des

affaires étrangères a provoqué l'ordonnance royale du 31 août de l'année dernière, qui confie à une commission nouvelle le soin de faire des recherches tendantes à reconnaître les véritables ressources de la république d'Haïti et à terminer cette affaire de manière à concilier tous les intérêts privés qui s'y rattachent sans compromettre la dignité du pays ; cette commission, présidée par M. le comte Siméon, pair de France et composée de personnages (1) dont l'expérience, les lumières et le patriotisme offrent toutes les garanties désirables, a déjà, depuis plusieurs mois, remis son travail à M. le ministre des affaires étrangères, et nous ne doutons pas qu'elle ait reconnu comme nous : 1° Que toutes les concessions qu'il était possible de faire au gouvernement d'Haïti, sur les conditions auxquelles la France a consenti à reconnaître l'indépendance de Saint-Domingue, lui ont été faites en 1829 et 1831, et que la France ne pourrait en faire de plus étendues, d'une part sans compromettre sa propre dignité, de l'autre sans sacrifier les intérêts privés qui sont liés à cette affaire.

2° Que, si par le traité de 1829 le gouvernement haïtien s'était engagé à payer annuellement une somme de 6,500,000 fr. jusqu'à sa parfaite libé-

---

(1) MM. le vicomte de Caux, pair de France ; Passy, Laplagne, Thil, Benjamin Delessert, membres de la Chambre des Députés ; Serrurier, ministre plénipotentiaire aux État-Unis ; Isoard, ancien chef de division au ministère du commerce ; Dupetit-Thouars, capitaine de vaisseau.

ration, à plus forte raison aurait-il pu payer les quatre millions auxquels la France avait bénévolement consenti, en 1831, à réduire cette annuité, et que si, ce nonobstant, le président de la république a refusé de ratifier le nouveau traité qui stipulait ce consentement, c'est que le gouvernement haïtien s'était d'abord imaginé que la révolution de juillet lui avait donné quittance de l'indemnité due aux Colons, et qu'ensuite, lorsqu'il lui fallut abandonner cette idée, il espéra parvenir au même but, en gagnant du temps, à la faveur de nos embarras politiques et de nos discordes civiles.

Et, en effet, on peut conclure de tout ce qui a été dit à la tribune et publié par la presse, que l'accroissement de dépense résultant, pour Haïti, soit du traité de 1829, soit de celui de 1831, serait aisément couvert par les excédans de revenus et par les économies praticables, et encore, au besoin, par les produits extraordinaires que le gouvernement haïtien avait affectés lui-même à sa libération par une loi de l'année 1826 ; et on peut rappeler, à ce propos, ce que disait M. de Villèle aux adversaires de l'ordonnance d'émancipation, dans la séance de la chambre des députés du 9 mars 1826. « Nous ne partageons pas, » disait-il, les craintes qu'on a voulu imposer » aux colons, et nous ferons observer que, dans » les calculs par lesquels on s'est plu à les effrayer » on a oublié les ressources que trouvera Haïti » dans ses précédentes économies. »

Pour achever de lever tous les doutes sur ce point important de la question, qui se reproduit aujourd'hui devant les chambres (à savoir si Haïti peut exécuter les clauses financières du traité de 1831), on croit devoir transcrire ici un article remarquable, attribué à M. Saint-Macary, commissaire du gouvernement haïtien à Paris, inséré sous le titre de *Considérations sur Haïti, par un Haïtien*, dans le *Journal du Commerce* du 23 février 1831. On fera remarquer que cette publication a précédé d'un mois seulement le traité dont il s'agit, par lequel une annuité de quatre millions a été stipulée à la charge de la république d'Haïti; or, il est évident que le négociateur haïtien avait intérêt à dissimuler plutôt qu'à exagérer les ressources du pays pour lequel il demandait un allégement; cette réflexion nous détermine à ajouter foi à son exposé et nous porte à penser qu'il ne fut mû, dans cette circonstance, que par l'honorable intention de rassurer tous les intérêts français qui se rattachent à cette affaire, et qu'il crut ne pouvoir mieux y parvenir qu'en faisant un exposé véridique de la position de la république d'Haïti.

Voici ces considérations :

« Entre autres erreurs, qui ont été publiées et accréditées sur la république d'Haïti, les principales sont :

« Que ce pays est continuellement en proie à des agitations intestines, et que son gouvernement n'est pas solidement établi;

» Qu'Haïti est gouverné despotiquement et soumis au régime militaire ;

» Qu'il n'y a point de lois, ou qu'elles y sont sans force ;

» Que la population y est paresseuse et qu'elle s'affaiblit, et que la culture des terres y périclite journellement ;

».Que la civilisation ne fait pas de progrès, et que les mœurs sont dissolues en Haïti.

» Pour quiconque a quelque vraie notion sur la statistique de ce pays, il est évident que ces imputations sont au moins erronées, si, plutôt, elles ne sont dictées par la plus injuste prévention contre des hommes qui, de l'état le plus dégradant, ont su s'élever et se maintenir au rang des nations civilisées ; et il suffirait peut-être, pour les réfuter, de rappeler qu'après avoir aussi rapidement franchi cet immense intervalle la république d'Haïti compte déjà vingt-quatre ans d'existence ; que la paisible et paternelle administration du président Boyer date de 1818, et qu'après la chute de Christophe, et la réunion de la partie de l'est à la république en 1820 et 1821, la tranquillité n'y a jamais été sérieusement troublée. Si des créatures du tyran du nord, regrettant le despotisme de son règne, habitués qu'elles étaient à être tour à tour opprimés et oppresseurs, ont osé faire quelques efforts pour s'emparer du pouvoir, la voix du peuple, s'élevant contre eux, attestait aussitôt son amour pour la tranquillité et son attachement au gouvernement, comme la

clémence du président prouvait, presque toujours, la douceur et la solidité de son administration. Et lorsqu'il laissait le glaive de la loi frapper
sur quelques coupables, c'était bien plutôt pour
satisfaire à la juste indignation publique, que
pour se délivrer d'impuissans conspirateurs. Un
de ceux-ci, condamné à mort par contumace, et
poursuivi par les cultivateurs dans les montagnes
où il s'était réfugié, parvint, avec des peines infi-
nies, à leur échapper, et, ne trouvant plus d'asile
que sous la protection du premier chef dont il
avait tramé la mort, vint se jeter à ses pieds : le
président lui pardonna et le renvoya en sûreté
chez lui, en lui faisant même donner des secours
pour son voyage. Plusieurs traits semblables attestent que Boyer a hérité de la générosité et de
la clémence de l'immortel Pétion, et est loin d'a-
voir besoin de consolider son gouvernement par
des actes de rigueur.

» L'entretien d'une armée nombreuse a servi de
prétexte pour dire que le gouvernement d'Haïti
était despotique et militaire. D'abord la consé-
quence ne découle pas du principe : si l'armée
haïtienne est plus forte que les besoins et les
ressources du pays ne semblent le comporter,
c'est certainement parce que le gouvernement a
jugé que les intérêts de la nation l'exigent ainsi ;
lui seul et elle sont juges compétens en cette ma-
tière, parce que, seuls, ils peuvent apprécier
leurs vrais besoins ; mais il est faux de dire que
le système militaire soit établi chez un peuple,

lorsque les militaires n'assistent point aux assemblées électorales, et ne peuvent être élus députés qu'en renonçant à cet état; lorsque les sénateurs, nommés par la chambre des députés sur la présentation du chef de l'état, ne comptent que très-peu de militaires parmi leurs membres; lorsque tous les emplois civils, administratifs et judiciaires, sont occupés par des fonctionnaires pris dans l'ordre civil, ou que ceux qui sont pris quelquefois dans l'armée quittent aussitôt cette carrière.

» Pour prouver qu'il y a de bonnes lois en Haïti, il suffit de renvoyer aux actes du corps législatif; de citer les différens codes promulgués depuis l'année 1824, et les lois transitoires qu'il rend à chaque session; et, s'il était vrai que les lois fussent sans vigueur en Haïti, il faudrait convenir alors que c'est le plus fortuné pays du monde; car il n'y en a point où il se commette moins de délits, et où le crime soit plus rare; et bienheureux serait le peuple parmi lequel on pourrait vivre aussi paisiblement sans l'appui des lois; mais il est vrai que leur action n'a pas besoin de se faire sentir aussi fortement que dans bien d'autres contrées; l'Haïtien, bon par instinct et peu nécessiteux sur une terre et dans un climat qui lui rendent l'existence très-facile, vit heureux à l'abri du besoin et des misères qui, dans d'autres pays, corrompent le cœur de l'homme. Sa douceur et sa bienfaisance sont connues de tous les étrangers qui l'ont observé : ainsi, un voyageur peut parcourir le pays, emportant des marchandises, des effets, de l'argent; partout, chez le simple habitant des campagnes, comme dans les villes, il trouvera hospitalité et secours; on l'hébergera dans sa route, et on lui fournira les moyens de la continuer sans qu'il ait à craindre les dangers auxquels l'on est fortement exposé en Europe, sous l'escorte même de la force armée. Qu'un étranger, arrivant en Haïti, soit atteint de la maladie du pays (presque toujours provoquée par l'imprudence et l'intempérance), des femmes à qui le sentiment de l'humanité a rendu familiers la connaissance des maladies locales et l'usage des simples du pays qui les guérissent, sont près de son chevet avant le médecin; et presque toujours leur savante pratique, surtout leurs soins assidus et délicats, sont couronnés d'un succès qui étonne la science. Combien d'actes de vertu, souvent sublimes en ce genre, seraient célébrés en Haïti s'ils n'y étaient si communs qu'ils cessent d'y être admirés! Le reproche le plus grave et cependant le plus facile à refuter, que l'on fait aux Haïtiens, est celui d'être paresseux et de laisser dépérir la culture de leurs terres : l'examen des denrées, successivement exportées d'Haïti à chaque récolte, doit donner la mesure exacte des variations que la culture y a éprouvées. Cette proposition est si palpable qu'elle n'a pas besoin d'être démontrée. Prenons pour exemple le café, dont la production occupe les 39/40ᵉ de la population environ.

» Or, dans les années 1820, 1821 et 1822, et les précédentes, il a été exporté des différens ports d'Haïti, en progression croissante, jusqu'à 25 millions de livres de café; dans les années suivantes, les exportations ont eut lieu aussi en progression croissante, sauf les variations produites par les causes accidentelles; de sorte que celle de l'année 1827 a été de 50 millions de livres; en 1828, l'exportation a été un peu moindre, et celle de 1829 a dû s'élever au moins à 50 millions de livres.

» Ce fait, bien positif, détruit le reproche qu'il combat; mais qui a donc pu donner lieu à ce reproche?

» Nous en voyons deux causes, sans compter les dispositions de malveillance qui, certes, entrent pour beaucoup dans tout ce qui a été dit contre Haïti, que bien des gens voient encore avec douleur, au dix-neuvième siècle, s'élever triomphante sur les ruines du plus monstreux des préjugés, œuvre de cupidité et de stupide orgueil.

» Les Haïtiens sont paresseux, dit-on, car ils ne travaillent pas autant qu'il le pourraient.

» Il est vrai que les cultivateurs, en Haïti, pourraient travailler et produire plus qu'ils ne font; et si l'on compare leur activité à celle des peuples d'Europe, sans égard à leur position respective, l'on en conclura, sans doute, que les premiers sont paresseux; et bien plus encore, en les comparant aux esclaves des colonies! mais si l'on veut considérer que c'est le besoin qui, seul, peut imposer aux hommes l'obligation du travail, et que l'Haïtien a bien moins de besoins que l'Européen, ou conviendra qu'il n'a pas tout-à-fait tort de se ménager plus que celui-ci, qui, certes, ferait comme lui, s'il le pouvait sans compromettre son existence. Et dira-t-on que l'autorité devrait contraindre le peuple au travail, parce que le travail est la source de l'ordre et de la prospérité ? Mais cette raison n'existe pas pour l'homme naturellement paisible, et à qui peu de labeur suffit pour le mettre à l'abri de la misère qui produit les désordres, et l'autorité n'a pas plus le droit de contraindre le cultivateur à produire plus que ses besoins ne demandent qu'elle n'aurait celui d'obliger au travail le rentier qui aurait sa fortune en portefeuille. Surveiller et garantir le repos à la prospérité publique par la répression des désordres et une sage administration, là se borne la mission pour l'intérieur ; pour la remplir, le gouvernement a besoin de revenus; qu'il demande des impôts, à la bonne heure; mais qu'après les avoir prélevés avec impartialité et modération, il laisse chacun libre de faire sa volonté, lorsqu'elle ne nuit ni à aucun ni à tous, ces t ce qui a lieu en Haïti.

»Une réflexion viendra combattre ce qui précéde: s'il est vrai que les Haïtiens n'ont que peu de besoins, comment se peut-il que le produit de leur travail, et par conséquent leur travail même, *ait doublé dans le court espace de six ou sept ans ?*

» Deux causes ont concuru à ce résultat, et assurent son développement progressif :

» D'abord, et bien contrairement aux assertions

des détracteurs d'Haïti, sa population s'est accrue, surtout pendant ces dernières années, dans une proportion qui n'a guère d'exemples : avant la révolution, l'île entière de Saint-Domingue ne comptait pas plus de 600,000 âmes : les guerres cruelles qui ont long-temps ravagé la partie française ont moissonné un tiers de sa population, et cependant, *en 1830, Haïti compte environ 900,000 habitans! Quelque incroyable que puisse paraître une aussi prodigieuse augmentation de population, elle est réelle et attestée par les états de recensement réunis dans les bureaux du gouvernement.* C'est surtout depuis la chute du tyran du nord, et l'entière réunion de toutes les parties de l'île, qu'elle a pris un grand développement. Or il est évident qu'un accroissement de population (les choses restant d'ailleurs égales) *doit amener une augmentation de produits.*

» Une autre cause qui a contribué à cette augmentation se trouve dans la disposition naturelle de l'Haïtien à se procurer les jouissances d'une vie aisée et à se rendre indépendant d'autrui ; les besoins réels, qu'il ne connaît guères, sont remplacés par les besoins factices du luxe, qu'un climat ardent lui fait rechercher avec volupté ; et, pour satisfaire ses désirs, il faut qu'il augmente son travail. D'un autre côté, le cultivateur qui exploitait comme fermier ou métayer le terrain d'autrui veut aussi devenir propriétaire; une famille s'augmentant ne peut plus trouver sa subsistance sur le petit bien patrimonial; et le paysan adulte, aspire bientôt à avoir son champ en propre; et l'un et l'autre, redoublant d'ardeur au travail, thésaurisent pour amasser de quoi s'acheter un coin de terre : de là encore autre cause de l'augmentation des produits.

» Ce fait incontestable explique et détruit l'erreur sur laquelle s'appuie la croyance du dépérissement de la culture des terres en Haïti ; on y a vu de vastes habitations, autrefois chargées de nombreux cultivateurs, et dont les ruines attestent encore leur ancienne prospérité, aujourd'hui abandonnées, presque désertes, et comptant à peine quelques bras; d'autres même entièrement dépourvues de cultivateurs, et là on a cru trouver la preuve de la décadence de la culture en Haïti ! sans songer que, dans un pays aussi fertile, aussi merveilleusement favorisé de la nature, et où la population est bien loin encore d'être en rapport avec l'étendue de son territoire, l'homme qui n'a guère besoin du secours de son semblable (et à qui il est si facile d'aller habiter le quartier qu'il préfère; de se livrer au genre de culture qui convient à ses goûts, et surtout d'exploiter son propre champ plutôt que le terrain d'un autre) doit, de toute nécessité, viser à s'affranchir du joug et de la subordination du journalier, pour devenir propriétaire et indépendant, aussitôt que ses économies peuvent lui en donner les moyens. Mais cet état des choses, loin de nuire à la prospérité de la culture, est, au contraire, son plus puissant véhicule, et elle s'accroîtra nécessairement en raison de la diminution des grandes propriétés et de l'augmentation des petites.

» Enfin l'on accuse les Haïtiens de ne point faire de progrès en civilisation, et d'avoir des mœurs dissolues.

» La première de ces imputations sera suffisamment démentie par les étrangers qui fréquentent Haïti, et qui rendront témoignage de la sécurité et de l'indépendance dont ils y jouissent, soit pour leurs affaires privées, soit dans leurs relations sociales; par la sage organisation des diverses branches d'administration; par l'établissement des écoles publiques et particulières dans les villes, bourgs, et jusque dans les campagnes, dont les habitans, avides des bienfaits de l'éducation, y attirent et entretiennent des maîtres d'école pour enseigner à lire et à écrire à leurs enfans.

» Les mœurs sont dissolues en Haïti ! ce reproche ne peut porter que sur l'union des sexes. A-t-on donc oublié ou ignore-t-on qu'avant la révolution le mariage était presque inusité à Saint-Domingue? que le libertinage allait jusqu'à la licence la plus effrénée dans les colonies? Et l'on voudrait, sans tenir compte de la puissante influence de l'exemple et de l'habitude, que les Haïtiens eussent passé subitement d'une extrême licence à une extrême vertu ! Si les Haïtiens vivaient aujourd'hui comme vivaient autrefois les Colons, il faudrait se borner à leur souhaiter, à leur conseiller d'épurer progressivement leurs mœurs, selon la marche de l'esprit humain; mais ils n'en sont pas

là : le mariage, quoi qu'en disent leurs détracteurs, est honoré en Haïti, et ce lien précieux des
familles, ce gage sacré de la tranquillité sociale,
y devient commun à mesure que la société grandit
et consolide ses institutions. Déjà, dans les villes,
le concubinage déshonore les familles; le mariage
s'introduit parmi les cultivateurs, à qui ce lien était
autrefois inconnu; et, si le divorce, qui, d'ailleurs,
est fort rare, n'est point encore entièrement aboli
par les lois, les formes auxquelles elles l'ont soumis sont une preuve de la sollicitude du gouvernement à corriger les mœurs.

» Quoi que l'erreur et la calomnie aient pu débi-
ter sur leur compte, les Haïtiens atteindront les
belles destinées auxquelles ils ont été appelés par
l'œuvre régénérative de la révolution.

» Après avoir anéanti l'esclavage, ils donneront
encore au monde un spectacle non moins grand :
ils ont conquis l'indépendance nationale et la liberté politique, *et s'avancent pour prendre un rang
honorable parmi les peuples civilisés.*

» Il leur reste beaucoup à faire, sans doute, pour
perfectionner leurs institutions, pour développer
les inépuisables ressources de leur sol, pour faire
fleurir les arts et les sciences, ces grands ressorts
de la félicité publique et d'une civilisation épurée.
Peuple et gouvernement, tous savent qu'ils n'ont
encore fait qu'établir la base et réunir les maté-
riaux de leur édifice, et que désormais la sagesse
doit terminer ce que le courage a commencé;
mais ils ne s'arrêteront pas au milieu de leur car-

rière; si le temps qui détruit vite et crée lente-
ment, retarde leur marche, elle n'en sera peut-
être que plus assurée; qu'on les laisse en paix
essuyer leurs sueurs, et se reposer de leurs lon-
gues fatigues, et bientôt ils prouveront qu'ils
étaient dignes d'avoir une patrie. »

Après un témoignage aussi peu récusable que
celui d'un homme du mérite et du caractère de
M. Saint-Macary, nous pourrions nous dispenser de
toute autre citation; cependant nous croyons devoir citer encore celui des commissaires haïtiens
envoyés à Paris, en 1825, pour négocier l'emprunt qui a servi à payer le premier cinquième
de l'indemnité allouée aux anciens colons de
Saint-Domingue, et nous le ferons avec d'autant
plus de confiance qu'il émane de personnages revêtus aussi d'un caractère public, et qu'il est con-
tenu dans un document officiel (le prospectus de
l'emprunt que ces commissaires publièrent dès leur
arrivé à Paris, et qui fut inséré au Moniteur du
15 octobre 1825, on y lit : «Le mode d'emprunt avec
» amortissement en vingt-cinq ans a fixé le choix
» du président de la république, parce qu'il offre
» cet avantage que *les ressources présentes du*
» *pays étant plus que suffisantes pour fournir au*
» *payement des intérêts annuels, ainsi qu'à l'ex-*
» *tinction, par vingt-cinquième, du montant de l'em-*
» *prunt*, il ne sera pas nécessaire de recourir à de
» nouveaux impôts, et qu'il y a lieu de croire que
» *la prospérité croissante de l'état, dont tout favorise*
» *aujourd'hui* le développement, permettra d'ad-

» opter ultérieurement le même mode d'em-
» prunt. »

» C'est sans doute avec la conviction de ces ré-
sultats probables que M. Humann disait, dans le
cours de la mémorable discussion de 1826, où nous
avons déjà puisé plusieurs citations, « qu'une an-
» nuité de 15 millions, pendant vingt-cinq ans,
» suffirait, à Haïti, pour payer le prix de sa libé-
» ration, et que cette charge était loin d'excéder
» ses forces si l'on considère que son mouvement
» commercial d'exportation et d'importation dé-
» passait déjà soixante millions de francs. » Dans
le cours de la même discussion, M. de Saint-Cricq
évaluait de 30 à 40 millions la somme de nos seuls
échanges avec Haïti à cette époque.

Nous invoquons enfin un autre témoignage qui
n'est pas moins recommandable et moins digne
de foi, celui de M. Esmangard, ancien conseiller
d'état, qui, le premier, fut chargé d'ouvrir des
négociations officielles avec le gouvernement haïtien; ce témoignagne se trouve consigné dans
deux écrits qu'il a publiés successivement sur
cette affaire, le premier en 1833, et le dernier
depuis le commencement de la présente année; et,
sans nous arrêter aux ressources ordinaires que
le gouvernement haïtien pourrait appliquer à sa
libération, et qui, selon M. Esmangard, seraient
déjà suffisantes, nous nous bornerons à indiquer
quelques-unes de celles qu'il place en dehors du
budget de la république, et qui sont à la disposition de ce gouvernement, savoir : 1° la vente des

terres domaniales laissées en friche depuis trente ans, et improductives d'impôts depuis lors, et celles des propriétés bâties appartenant aussi au domaine, notamment dans la ville du Cap, lesquelles sont affectées, par hypothèque spéciale, au paiement de l'emprunt de 1825 ; 2° la réduction de l'armée qui, dans son état actuel, est hors de proportion avec la population, et dont la solde et l'entretien absorbent les deux tiers du revenu public; 3° le renvoi des soldats licenciés aux travaux de la culture ; 4° favoriser les immigrations de cultivateurs étrangers, et les associations que les Haïtiens pourraient faire avec des Européens ou des Américains qui apporteraient leurs capitaux ; 5°, enfin, comme moyen d'obtenir ce résultat, révoquer les articles 38 et 39 de la constitution de 1806 qui refusent aux blancs le droit de citoyen et la faculté d'acquérir des propriétés, ainsi que le président Pétion en avait eu la pensée, législation exclusive qui, comme le remarque très-judicieusement M. Esmangard, tend à faire du peuple haïtien une caste séparée de tous les peuples civilisés du globe.

On conçoit qu'en 1806, époque à laquelle a pris naissance cette constitution, une pareille disposition ait pu y être insérée : il n'est pas étonnant, en effet, que le pacte social, rédigé à la suite d'une guerre d'extermination, portât l'empreinte des circonstances au milieu desquelles il était né, et que, tout meurtris encore des fers qui les avaient flétris si long-temps et qu'ils venaient à peine de briser, les Haïtiens fussent alors préoccupés par les sentimens de haine, de crainte et de méfiance que leur inspiraient leurs anciens maîtres, au point d'élever un mur d'airain pour les séparer d'eux. On comprend aussi que ces mêmes sentimens dussent les porter à se tenir toujours prêts à défendre la liberté qu'ils venaient de conquérir, et, par conséquent, à considérer une forte armée comme la sauve-garde de leur existence; mais, aujourd'hui, à trente ans de distance de ces grands événemens, à une époque où tout est changé pour eux comme pour nous, dans les idées comme dans les intérêts, où bien certainement il ne saurait être question de *refaire* des esclaves puisqu'il n'est plus permis d'en faire; où l'ancien système colonial, fondé sur l'esclavage, s'écroule de toutes part; où les institutions amenées par le perfectionnement de la raison tendent à rapprocher tous les peuples de la terre, et où enfin toute l'activité des esprits est dirigée vers le bien-être matériel, pourquoi les Haïtiens maintiendraient-ils une législation sauvage qui étouffe tous les germes de prospérité et de richesse que renferme le sol de leur belle patrie, et tend à les mettre au ban des nations, eux, qui pourraient, s'ils le voulaient, prendre parmi elles ce rang honorable auquel ils semblaient appelés par la Providence?

Les Haïtiens savent, comme nous, que l'île de Saint-Domaingue reçut dans ses ports, en 1790, cinq cents quatorze navires français dont les cargaisons étaient évaluées, à 240 millions, et que ces navires rapportèrent, dans la métropole, en produits du sol de Saint-Domingue, pour une valeur d'environ 400 millions : un pays avec lequel la France, il y a quarante-six ans seulement, avait un mouvement commercial de 640 millions n'est pas un pays dénué de ressources et sans avenir, lorsque, surtout, ce pays renferme une population de neuf cent mille habitans, et que ces habitans sont aujourd'hui des hommes libres; lorsque la terre de ce pays ne demande qu'à être grattée pour produire du café, du tabac, du cacao et du coton, et qu'elle produit spontanément des bois précieux servant à la teinture et à l'ébénisterie, tous objets que nos moeurs ont faits en quelque sorte, de première nécessité et nous rendent tributaires des régions tropicales; car il n'est pas présumable que les progrès des sciences naturelles parviennent à nous affranchir de ce tribut comme elles l'ont fait pour le sucre de canne.

Que les Haïtiens travaillent donc, ils auront bientôt plus d'argent qu'il ne leur en faut pour nous payer. Nous ne leur demandons qu'une très-faible partie du fruit de leur labeur; nous ne sommes pas des créanciers impitoyables; mais aussi qu'ils se montrent débiteurs *honnêtes gens*; En consentant à ne recevoir d'eux que *quatre millions* par au jusqu'à extinction du capital dû, et les affranchissant de l'intérêt de ce capital, nous avons comblé la mesure des concessions et de la générosité; et eux, en prenant l'engagement solennel de nous les payer, n'ont pas assumé une obligation qui fût au-dessus de leurs forces (1) : la France, en exigeant qu'ils tiennent cet engagement, fera justice à qui elle est due ; conservera sa propre dignité, et se formera même des titres à la reconnaissance des Haïtiens, dont elle consolidera, par là, l'existence politique et assurera le bien-être social.

(1) L'obligation imposée à la république d'Haïti, et assumée par elle, de payer 150 millions en cinq ans, a pu paraître, au premier coup d'œil, oppressive et exorbitante, mais il convient de considérer que, en 1825, époque à laquelle cette condition fut exigée et acceptée, on était dans les illusions du crédit, et que l'on dut, par conséquent, compter plutôt sur celui que cet état naissant pouvait obtenir que sur ses ressources disponibles ; et, en effet, on a pu juger, d'après ce qui s'est passé à l'occasion de la négociation de son premier emprunt sur la place de Paris, que cette conjecture n'était pas déraisonnable ; nul doute que Haïti eût aisément trouvé à emprunter, chaque année, en Europe, les sommes nécessaires au payement des quatre derniers termes de sa dette, s'il eût religieusement accompli ses engagemens envers les capitalistes qui s'étaient livrés à sa foi, et eût ainsi répondu, comme l'honneur lui en faisait un devoir, à la confiance qu'ils s'étaient empressés de lui témoigner.

G. PAUL,
Place de la Bourse, 26.

IMPRIMERIE DE FÉLIX MALTESTE ET Cie,
Rue Trainée, n. 15 et 17, place Saint-Eustache